Führung durch Sozialkompetenz

Tobias Zschech

Führung durch Sozialkompetenz

oder umgedreht!

2018

Eine sophistische Veröffentlichung zwischen den Zeilen,
aus der Praxis – für die Praxis.

Bibliografische Information der Deutschen Nationalbibliothek:
Die Deutsche Nationalbibliothek verzeichnet diese Publikation
in der Deutschen Nationalbibliografie; detaillierte
bibliografische Daten sind im Internet über http://dnb.dnb.de
abrufbar.

Herstellung und Verlag
BoD – Books on Demand, Norderstedt

ISBN: 978-3-7481-3116-8

Der Genuss des Humors
setzt höchste geistige Freiheit voraus.

Christian Friedrich Hebbel

Inhalt

Gastwort

von Nicolaus Johann Georg von Ruff,
Geschäftsführer, Historiker, Literat

Eine kleine Rezension als Vorspann
Die „Belle Étage" als Ziel der Glückseligkeit. Belle!

Beruhigend und schadenfroh zugleich, dass die Erkenntnisse der Generation „Y", denen der Generation A-Z in der bisherigen Zeit des Übergangs von der agrarischen zur industriellen Produktionsweise gleichen, bis auf den „populistischen" Unterschied, das heutzutage Jeder, so er will, nackt herumlaufen kann und auch darf, vergleichsweise alles sagen kann, natürlich immer noch (vgl. A-Z) nicht zu jeder Zeit, nicht an jedem Ort und nicht zu Jedermann/frau.

Alles beim Alten?

Nicht ganz. Wir befinden uns in einem höheren und global risikoreicheren Level als die Generationen A-Z, doch immer noch, aus der Sichtweise ~~sozial~~ fiskal kompetenter Führer/-innen, im alltäglichen Ringen um die Domestizierung der Menschen und Einordnung selbiger in ein, von fiskalen Notwendigkeiten geordnetem und sich jederzeit ändernden Kastensystem (vgl. mehr Geld für tun, als für nichts tun; Agenda 2010). Zumindest was Laufbereitschaft, Status und

Arbeitsteilung betrifft. Wenn gleich auch/immer noch eine Heirat, und das unabhängig von den Geschlechtern, verheerende soziale und fiskale Auswirkungen für alle Beteiligten haben kann.

Die Prinzipien der Regulierung dieses Systems sind gelernt und nicht zwingend logisch, für den Einzelnen kaum nachvollziehbar und so macht wohl jeder zu viel denkende Mensch jene, aufmüpfig beschriebene Phasen durch, um am Ende vielleicht doch ausschließlich, an sich selbst, an sein persönliches „Betriebsergebnis" zwangsweise denken zu müssen.

Die „Belle Étage" -, hier als wohltuende Wortschöpfung, - ein lohnendes Ziel. Doch wo ist diese? Wer suchet, der findet. Optional, wird empfohlen, nicht in der Führungsetage eines Wertschöpfungskettchens. „Mir san vom Woid dahoam, da Woid is sche!"

Doch es scheint nahezu gesetzmäßig und geradewegs Ausdruck sozialer Intelligenz, demjenigen Menschen/-in vor, vielleicht auch jenem dahinter (er/sie soll ja arbeiten und das mit Lust und Liebe) auf der Karriereleiter zu schmeicheln, denn, aktueller denn je gilt: „niente funziona senza soldi". Wohlstand oder/und Zufriedenheit bei der Schuldenbedienung schlechthin.

Der traditionelle Ort zum Erlernen sozialer Kompetenz, die Familie, in der dieses Lernen von Liebe begleitet sein konnte, wird ersetzt durch Kindertagestätten, in denen entsprechend den fiskalen Erfordernissen der Zukunft Eigenschaften oder eben soziale Kompetenzen anerzogen werden. Und dennoch bleibt das Hemd näher als der Rock oder bereits v.Chr. die Tunika näher als der Mantel ("tunica proprior pallio").

Die Variablen der Banken, Versicherungen und des Staates im Besonderen mit seinem Monopol legitimen physischen Zwanges... abgebildet im kartesischen Koordinatensystem, z.B auf der Ordinatenachse das persönliche Eigentum und selbiges über die Lebenszeit, gewertet auf der Abszissenachse, sind so signifikant, dass es sich lohnt/auszahlt Teil des „Systems" zu sein/ zu werden, alternativ sich in Verzicht zu üben. „da Woid is sche!"

Dem Autor sei hier Mut zum Schreiben und (zum zu viel) Denken an einem sehr wichtigen und ehrenhaften geisteswissenschaftlichen Thema zugesprochen. „Früh übt sich, was ein Meister werden will." Schiller/ Wilhelm Tell III,1 / Tell.

Die Welt darf auf des Autors Einsichten gespannt sein, wenn ihn sein Wissen/Können, der Fachkräftemangel, die Rente mit

63 und seine zunehmenden social competences, via Twitter in die „Belle Étage" geschleudert haben.

Tantum amet den Generationen Y und folgende...auf dem Weg zur *Selbstverwirklichung bei gleichzeitiger hoher sozialer Verträglichkeit, das hohe „C" des Lebens,* in einer Welt der vollautomatisierten Produktion, Entwicklung und (Steuer-) Verwaltung, wider selbständiges Handeln.

Sachsen im Woid, im Oktober 18

v.R Punkt

1 Warum gehen wir überhaupt arbeiten?

Als unweigerlich geborener Vertreter der Generation Y (*englisch: „Why"*) stelle ich mir die alles entscheidende Frage für die Gestaltung des beruflichen Alltags. Der moderne Arbeitgeber mit mangelhafter geistiger Umnachtung ist im zivilisierten Europa Mangelware. Ebenso ernüchternd scheint die Antwort auf die Frage „Warum gehen wir überhaupt arbeiten?".

Die modernisierte und digitalisierte Gesellschaftsschicht der nach 1985 geborenen Mitmenschen ist überdurchschnittlich gut allgemeingebildet, hat jedoch signifikante Defizite in der bedingungslosen Selbstversorgung. Wir sind durchaus in der Lage, Küchengeräte zu entwickeln, die es uns ermöglichen, die Tiefkühlpizza per App so zuzubereiten, dass der Teig knackig und das Chicken-Bombay innen zartrosa auf den Verzehrteller kommt; doch wie das Huhn zum Chicken wird, stand nicht im Lehrplan der allgemeinen Hochschulreife. Spätestens im industrialisierten Berufsleben wird der Begriff des „Headless Chicken" nur noch metaphorisch gebraucht, was der Missbildung unserer Generation maximal zuträglich ist. Der Sinn des Arbeiten

Gehens in einer modernisierten Gesellschaft besteht folglich darin, so viel imaginäres Geld zu verdienen, um den Ernährungskapitalisten und unendlichen vollautomatisierten Bio-Bauern dieser Welt die nach nichts schmeckenden Kartoffeln abzukaufen.

Es ging ums nackte Überleben.

Die Zeiten, in denen man noch wusste, was es bedeutet, zu Jagen und zu Sammeln sind vorbei. Heutzutage weiß man nur noch, wie man konsumiert. Der Alltag des modernen Europäers besteht also aus Arbeit (*englisch: Work*) und Konsum (*englisch: Life*). Und selbst das kann anstrengend sein. Nicht umsonst reflektiert jeder Mitarbeiter regelmäßig über die richtige Work-Life-Balance. Die Work-Life-Balance scheint ins Gleichgewicht zu kommen, sobald die Freizeit ausreicht, um das Gehaltsäquivalent vollständig in lebensnotwendige und IQ-minimierende Konsumgüter umzuwandeln. Seien wir ehrlich – um als Single ein anständiges Gehalt auf den Kopf zu hauen, reicht kaum ein ganzes Wochenende. Je mehr die Früchte des Kapitalismus sowie die Gehälter inflationär wachsen, desto nachvollziehbarer wird der Wunsch nach der 4-Tage-Arbeitswoche. Eine Sonderrolle übernehmen da die statistisch viel zu früh gewordenen Eltern, die zum einen doppelt so viel Kartoffeläquivalent benötigen, um die noch namenlose frische Generation zu versorgen und zum anderen ein gesteigertes Konsumbudget aufweisen, da bereits die 2+jährigen Kinder (m/w/d) intensiver konsumieren können, als ihre Eltern. In derartigen Familienkonstellationen scheint bezahltes Nichtstun (*englisch: HomeOffice*), Kinderbetreuungszuschläge und flexible Arbeitszeiten mehr im Trend zu liegen.

Liebe Führungskräfte, Projektleiter, Projektmanager, Planer, Recruiter, Besserwisser, …, Arbeitgeber der Zukunft - eins ist sicher: Niemand kommt mehr auf die Idee, für euch zu arbeiten, nur weil ihr oder gar eure Firma so toll seid, wenn das Kartoffeläquivalent und/oder die private Konsumfreizeit kein Gleichgewicht bilden.

Die ÄQUIVALENZKARTOFFEL

Der aufmerksame Leser der ersten Worte wird festgestellt haben, dass man sowohl in den Zeilen, als auch zwischen den Zeilen lesen kann. Das ist gewollt. An dieser Stelle möchte ich darauf hinweisen, dass der folgende Text Ironie, Sarkasmus, Metaphern, Sophismen, Vulgarismen und nackte Wahrheiten enthalten kann. Wer darüber nicht schmunzeln kann, darf sich selbst angesprochen fühlen. Wer sich selten angesprochen fühlt, sollte lieber zu Alternativliteratur greifen.

Die verbale Übertreibung ist bewusst gewählt, um den Lernfaktor zum Thema zu erhöhen.

2 Was kann ich tun, um die Mitarbeiter zu demotivieren?

Die individuelle Motivation der Mitarbeiter und das eben spezifizierte Kartoffeläquivalent sind zwei schwer generalisierbare Faktoren. Hier ist die ebenso nicht im Lehrplan der allgemeinen Fachhochschulreife enthaltene Sozialkompetenz der Führungskräfte gefragt (siehe Abschnitt „Wer braucht denn Sozialkompetenz?"). Sicher interessiert sich der aufmerksame Leser nun für die holistischen Lösungsvorschläge, wie man die Mitarbeiter motivieren kann, im Sinne des Projekts, oder gar des Unternehmens Höchstleistungen zu erbringen. Da jedoch diverse Ratgeber bereits genau an dieser Stelle versagt haben, möchte ich versuchen, das Gegenteil an Hand subjektiv erlebter Praxisbeispiele vor Augen zu führen:

2.1 Demotivation der Belegschaft in 5 Schritten

Schritt 1: unfaire Bezahlung

Grundsätzlich gilt im konservativen Gehalts-Organigramm, die Hierarchieebene ist direkt proportional zum Gehalt. Am besten geht es jenen Unternehmen, die explizite Gehaltstabellen eingeführt haben, in denen die Position vom

Gehalt abhängig gemacht wird. Das führt im klassischen Sinn dazu, dass möglichst niemand zu viel Gehalt bekommt und dass in jeder Hierarchieebene das Grinsen breiter wird, wobei die Arbeitsleistung und Kompetenz direkt proportional dazu abnimmt. Denn wenn das Kartoffeläquivalent gesättigt ist, bleibt unweigerlich mehr Spielraum für IQ-minimierende Konsumgüter, wie bspw. Dienstwagen mit Assistenzsystemen, die einen verlernen lassen, wie man gefühlvoll mit Gas und Bremse umgeht und in scharfen Kurven die Kontrolle behält. Besonders beliebt sind selbstverständlich Vorgesetzte, die lasziv grinsend ihre mangelnde Kompetenz durch demonstrativen Konsum zu kaschieren versuchen. In der Regel gibt es trotzdem einige dankbare Arbeitnehmer-Zielgruppen, die sich das schmecken lassen:

- Schul- und Studienabgänger, die ihren Marktwert noch nicht kennen,
- Spartaner, die sich mit einem Gehalt unter dem gesamtdeutschen Meridian zufrieden geben,
- Patrioten, die lokal wenig alternative Wahlmöglichkeit haben,
- Low-Performer, die woanders „Schlimmeres" zu befürchten hätten und
- Phlegmatiker, die den Arsch nicht hochbekommen, um ihre Zukunft selbst zu gestalten.

Eine großartige Mischung, auf die man in vielen Betrieben Deutschlands als Führungskraft bauen kann...

Ich möchte nicht behaupten, dass Verantwortungsträger pauschal weniger verdienen sollen, als ihre Mitarbeiter und dass Gehaltstabellen grundsätzlich schlecht sind, ich möchte lediglich dahingehend sensibilisieren, dass man mit gewissen Vergütungsstrukturen gewisse Zielgruppen von Arbeitnehmern anspricht. Wer in Zukunft und in Zeiten von massivem Fachkräftemangel jedoch nicht bereit ist, altherkömmliche Paradigmen über Bord zu werfen und im individuellen Kontext angemessen und fair zu vergüten, wird es schwer haben, anspruchsvolle Projekte mit den „richtigen" Kollegen zu managen und die „Mangelware" Arbeitnehmer zu Höchstleistungen zu motivieren.

Schritt 2: unmenschliche Arbeitszeiten

Denken wir mal einen Schritt weiter. Angenommen, die Projektlage entwickelt sich kritisch und die Mitarbeiter sind unterdurchschnittlich motiviert, Höchstleistungen zu erbringen. Was ist die logische Konsequenz? ... richtig ... Überstunden anweisen. Glücklicherweise sieht die deutsche Arbeitszeitgesetzgebung vor, dass man von montags bis samstags jeweils 8 bis 10 Stunden arbeiten kann. Nach

Adam Ries(e) wird also mit einer geschickten Maßnahme aus einem Low-Performer ein High-Performer mit gerade einmal 25% finanziellem Mehraufwand. Es soll Arbeitgeber geben, die darin eine sportliche Herausforderung sehen und bis zu 20 Überstunden pro Woche über einen Zeitraum von mehr als 18 Monaten proklamieren. Befragt man den ein oder anderen negativen IQ-Konsumenten meiner Karrierelaufbahn, blickt man jedes Mal in einen bedauerlichen Gesichtsausdruck von Unverständnis: Wie kann es sein, dass Arbeitnehmer nicht ihr letztes Hemd dem Arbeitgeber opfern?

Die Zeiten ändern sich.

In Zukunft wird vermutlich der konservative Arbeitgeber sein letztes Hemd den Arbeitnehmern opfern.

Schritt 3: beschissene Incentives

Wer sich jetzt mit der Realität konfrontiert sieht und diese verständlicher Weise weder eine generelle Gehaltserhöhung der Belegschaft um 50% noch ein Verschieben der versprochenen Projektmeilensteine um 2 Jahre zulässt, sollte zur effektiven Steigerung der Mitarbeitermotivation über andere Anreize (*englisch: Incentive*) nachdenken. Grundsätzlich ist der Gedanke eines Incentives, dass man es nicht ohne Gegenleistung hinterhergeschmissen bekommt.

Es reicht also nicht, den Kostenzuschuss zum ungenießbaren Kantinenessen als Incentive zu deklarieren, geschweige denn den Arbeitseinsatz außerhalb der Rahmenarbeitszeiten mit einer außerplanmäßigen Assiettenmahlzeit zu entlohnen. Im Gegenteil: bestehende Incentives verlieren sogar an Wertigkeit, wenn bspw. das vergünstigte Abo-Ticket für den lokalen öffentlichen Personennahverkehr (ÖPNV) nicht mehr für private Zwecke genutzt werden kann, sondern dazu dient, um auch am Wochenende zum Arbeitsplatz zu reisen. Zudem habe ich mich schon immer gefragt, in wieweit eine vom Arbeitgeber subventionierte Busfahrkarte für Dienstleister in der automobilen Wertschöpfungskette als Incentive oder vielmehr als Provokation zu verstehen ist. Wenigstens ist man dem Auto fahrenden Chef einmal im Jahr zu Dank verpflichtend überlegen, wenn man sich zum Sommerfest hemmungslos betrinken kann, ohne dabei seine Fahrerlaubnis zu gefährden. Ob all diese Motivationen eine Wirkung erzielen und wie leistungsbereit die Mitarbeiter tatsächlich sind, zeigt sich unweigerlich in der Krankenstatistik am Tag nach dem Sommerfest - wenn die komplette Belegschaft pünktlich den Weg zur Stechuhr gefunden hat, statt den gelben Zettel per Einschreiben an die Belle-Étage zu senden, dann darf man sich als Führungskraft und/oder Motivator (*englisch: Project Manager*) tatsächlich auf die Schulter klopfen.

Ich schrieb bereits von leistungsabhängigen Incentives. Ein praxisnahes Beispiel ist ein Sportwagen, der temporär und additiv zur ÖPNV-Karte für besonders überragende Leistungen zur privaten Nutzung ausgelobt wird. Super! Als befangener Mitarbeiter der automobilen Wertschöpfungskette kann man damit sicher das Interesse einiger Kollegen wecken. Fehlt nur noch das Kleingedruckte – die Zielvorgaben sollten von der Führungskraft so gewählt werden, dass die Mitarbeiter keine realistische Chance haben, das Ziel zu erreichen. Eine Win-Win-Situation. Zum einen entstehen dem Unternehmen keine Risiken durch die ungeübte Nutzung eines Sportwagens und zum anderen können die ziel(vorgaben)losen Führungskräfte ihre kleinen Eier mit viel PS zum Vibrieren bringen.

Da lobe ich mir letztendlich doch den Kickertisch im Großraumbüro, freigegeben zur bedingungslosen Nutzung – Hauptsache, die Kollegen werden nicht durch das Abrollgeräusch und den Jubel gestört.

So macht Arbeit Spaß!

Schritt 4: Mitarbeiter öffentlich beleidigen

Mitarbeiter die im stillen Jubel beim Luftkicker mental abzuheben drohen, sollten gelegentlich auf den Boden der Tatsachen zurückgeholt werden. Optimaler Weise bieten sich dafür Betriebsversammlungen an, um mit wenig Aufwand, die Belegschaft hinter verschlossenen Türen zu erden. Um trotz des praxisnahen Bezugs die Anonymität der CEOs meiner Berufslaufbahn zu wahren, nenne ich im Folgenden drei Beispiele für mögliche Mitarbeiter-Beleidigungen, wovon nur eins tatsächlich während einer Betriebsversammlung geschehen ist:

- Würdigung der fraulichen KollegInnen zum Weltfrauentag als „ausreichend emanzipiert" um keinen Blumenstrauß zu bekommen.

- Beleidigung der Softwareentwickler als international ersetzbare „Codierknechte".
- Verunglimpfung einzelner anwesender Mitarbeiter als „Vollidioten".

Schritt 5: inkompetente Vorgesetzte fördern

Wer (wie ich) nach Darwinistischen Grundmaximen lebt, wird spätestens in der kollegialen Analyse seiner Mitmenschen mit der Realität konfrontiert – einer Realität, die nicht mit Menschenverstand und nicht mit Darwinismus in Einklang zu bringen ist. Grundsätzlich wage ich zu behaupten, dass es den größten Arschkriechern und inkompetentesten Klugscheißern gelingt, die Hierarchie-Leiter nach oben zu gleiten. (*Vgl. „Peter-Prinzip"*)

Die wahren Mitarbeiter der Wertschöpfungskette dürfen applaudierend dabei zusehen. Ein Vorgang ungeheurer Motivationskraft. Die Erfahrungswerte zeigen, dass in der Regel die Investition in eine Kompetenz steigernde Schulung und ein durchdachtes fachliches Mitarbeiter-Entwicklungskonzept die Mitarbeiter weniger motiviert, als die Weiterentwicklung kleiner Arschkriecher zu großen Arschkriechern. Im konkreten Praxisfall hat eine Personalentscheidung aus der Belle-Étage dazu geführt, dass aus diversen Mitarbeiterzielgruppen Zwischen-Zeugnisanfragen und Kündigungen eingereicht wurden. Was für eine Motivation!

Vorausgesetzt jemand hinterfragt das Ergebnis kritisch, kann man als inkompetente Führungskraft von inkompetenten Führungskräften zu dem Schluss kommen, dass die Kompetenz noch ausbaufähig ist. Ebenso schnell wurde ein hoch dotiertes Mitarbeiterentwicklungskonzept für inkompetente Führungskräfte entwickelt, dass sich „Führungskräftetraining" nennt. Dort lernen inkompetente Führungskräfte, welche sozialen Kompetenzen sie benötigen, um ihre Mitarbeiter von ihrer Göttlichkeit zu überzeugen. Das Ziel ist, aus schlechten Führungskräften zertifizierte schlechte Führungskräfte zu machen.

Mit Erfolg!

Die Firma hat den nicht an der Wertschöpfungskette beteiligten Mitarbeitern ficktives Geld hinterher geschmissen, mit dem zugleich die an der Wertschöpfung beteiligten Kollegen ausreichend demoralisiert wurden, um nicht zu widersprechen, wenn die neuen Zertifikatsträger vor ihnen stehen und proklamieren, dass das Schulungsbudget für dieses Jahr „leider" erschöpft ist.

Und damit nicht genug. Während die „neuen" Rudelführer ihre Hausaufgaben machen und zur Stärkung des Selbstbewusstseins krampfhaft versuchen 25 positive Eigenschaften von sich selbst an den Spiegel zu schreiben, vergessen sie die verbliebenen Kollegen bei der Fahne zu halten.

Eine Fahne steht im metaphorischen Sinn für so etwas wie eine Windrichtung – eine Vision – ein gemeinsames Ziel, auf das man hinarbeiten kann – ein Ziel, mit dem sich alle zum Team gehörenden Mitarbeiter identifizieren können und wollen – eine Vision, für die sie völlig selbstlos und loyal zu ihren Kollegen und Vorgesetzten alles tun würden. Aber dafür bräuchte man Rudelführer die dem Namen gerecht werden und ebenso loyal und standfest hinter/vor ihren Mitarbeitern stehen. Doch die Fahne zahlreicher Führungskräfte trägt nur ein antizipiertes Symbol: die wohlduftende, anmutende, sanft geleckte, […] und fulminante Rosette ihres Chefs.

Sozialkompetenz kann man nicht lernen.

Sozialkompetenz hat man. Wer im Kindergarten geschlafen hat, hat die Grundlagenschulung vermutlich verpasst.

3 Wer braucht denn Sozialkompetenz?

Jeder Mitarbeiter, der sich als Teil eines Teams versteht, benötigt eine Grundausstattung sozialer Kompetenzen. Zum Team gehören im beruflichen Umfeld sowohl die wertschöpfenden Mitarbeiter, als auch die Führungskräfte, Projektleiter, Projektmanager, Planer, Recruiter, Besserwisser, ..., Arbeitgeber der Zukunft. Unter Grundausstattung sozialer Kompetenzen verstehe ich Herkunfts- und Religionen- übergreifende Maxime des zwischenmenschlichen Zusammenlebens, Handelns und Spürens. Fehlende Sozialkompetenz kann im Wertschöpfungsbereich durch ausreichend Fachkompetenz kompensiert werden, wobei die Kompensation in der Führungs- und Leitungs-Ebene stattfinden sollte.

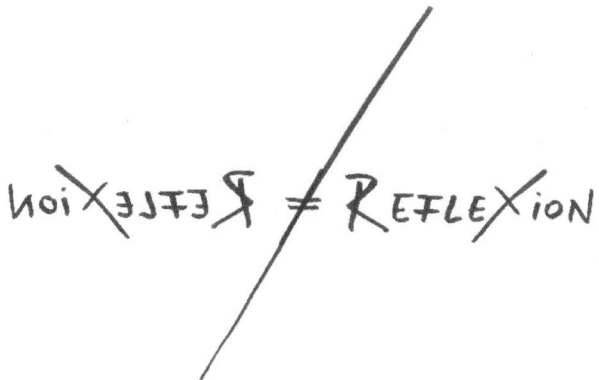

$$\text{Reflektion} \neq \text{REFLEXion}$$

17

Die wichtigsten Soft-Skills für erfolgreiche interkulturelle und generationenübergreifende Zusammenarbeit sind:

- Regeln,
- Respekt,
- Empathie,
- Loyalität,
- Ehrlichkeit,
- Anstand (Knigge),
- Flexibilität und
- Transparenz.

Zusätzlich zu diesen Schlagworten hängen hinter meinem Schreibtisch immer zwei Phrasen:

„Privat vor Katastrophe"

Insbesondere die Vertreter der Generationen X und die frühgebärenden Vertreter der Generation Y legen viel Wert auf ihr familiäres Umfeld. Es lohnt sich nicht, dagegen anzustreben – sondern vielmehr Freiräume zu schaffen. Unter Freiräumen versteht sich neben bedingungslosem Verständnis für familiäre Schieflagen auch eine flexible Arbeitszeitgestaltung. Die interkulturellen Influenzen diverser Nationalitäten lassen Verhaltensmuster, wie „deutsche Pünktlichkeit", „spanische Siesta", „asiatischer

Sekundenschlaf" oder „skandinavische Fika" in unseren Berufsalltag einkehren. Im erstgenannten sind wir geübt. Alle weiteren müssen wir erst noch tolerieren lernen. Dennoch ist es wichtig, über den Tellerrand hinauszublicken und anderes Verhalten zu akzeptieren.

Es ist interessant zu beobachten, wenn Recruiter versuchen, im Vorstellungsgespräch den Anwerbern, die Vorzüge des Unternehmens schmackhaft zu machen und dabei Argumente wie „flexible Arbeitszeit" mit Anwesenheitspflicht zwischen 9:00 Uhr und 15:30 Uhr anführen. Mehr als 50% der Bewerber bleiben bei derart staubigen und kleingedruckten Verklausulierungen im Arbeitsvertrag noch weit unter ihrem Ruhepuls. Dopamin lässt sich wohl erst ausschütten, wenn der Mitarbeiter selbst entscheiden darf, WANN und WO er arbeiten möchte.

„Bier statt Eskalation"

Vor 120 Jahren hätte der Ausruf einer „Eskalation" dazu geführt, dass die Kollegen sich die Pickelhaube aufsetzen und im preußischen Paradeschritt an einer Linie antreten. Im modernen betrieblichen Umfeld hat das Wort „Eskalation" eine neue Bedeutung erlangt: Im Zeitalter der digitalen Kommunikation werden Eskalationen schriftlich und ohne körperliche Gewalt ausgetragen – es richtet sich an die eigenen Vorgesetzten und heißt so viel wie „Hilfe ich bin von lauter Flachpfeifen umgeben und keiner will mir helfen". Dumm nur, wenn die Chefs auch flach pfeifen. Es gab im letzten Jahr Tage, da sind von 100 Kollegen ca. 200 Eskalationen ausgegangen. Ich hatte den Eindruck, dass die Belegschaft vergessen hat, vor der Eskalation den Dialog (die sogenannte „Deeskalation") zu suchen. Umso wichtiger, dass man versucht im eigenen Team Normalität herzustellen. Das geht häufig über den kleinsten gemeinsamen Nenner: ein Bier.

Das anspruchsvolle Regelwerk hinter meinem Schreibtisch wurde noch nicht in einem Lehrbuch veröffentlicht. Ich halte auch keine Vorlesungen dazu. Es ist beliebig erweiterbar und anpassbar. Das Wichtigste dabei ist, nicht zu vergessen, dass wir uns vom *homo erectus* bereits zum *homo sapiens sapiens* ovuliert haben. Es zeichnet uns aus, dass wir von Geburt an Menschenverstand und Empathie besitzen. Manchmal zweifle ich an dieser biologischen Erkenntnis.

4 Verantwortung haben nur die Anderen

Neben den oft in Frage zu stellenden Sozialkompetenzen spielt uns die Evolution im Zeitalter der künstlichen Intelligenz und ergonomisch genormten Arbeitsplätze einen weiteren Streich. Es scheint in der Belle-Étage nicht mehr à jour zu sein, Potenz und Rückgrat zu besitzen. Berichteten unsere Vorfahren noch von charismatischen

Führungspersönlichkeiten und Managern mit Stil, haben heutige Chefs den Stiel vielmehr rektal versteckt und sind rhetorisch fesselnd wie eingeschlafene Füße. Ebenso differenziere ich bewusst zwischen Führungspersönlichkeit und Chef, denn Führen hat auch etwas mit Verantwortung zu tun. Frühere Chefs verstanden sich als Captain – sie steuerten das Schiff, in dem alle Mitarbeiter saßen und wären erhobenen Hauptes mit untergegangen. Heute scheint sich die Antwort auf die Frage nach der Verantwortung geändert zu haben. Das Steuer wird von den künstlichen Assistenz- und Intelligenzsystemen der autonomen Wirtschaft peu à peu übernommen und die eigentlichen Steuermänner geben ihre Verantwortung an die Mitarbeiter ab. Doch die wollen sie gar nicht haben – geschweige denn, dass sie dafür entlohnt werden. Es muss also eine dritte Partei im modernen Unternehmen geben, die jederzeit bereit ist, die bedingungslose Verantwortung mitsamt den Konsequenzen zu übernehmen:

Die Anderen.

T Punkt

denkdochmal.de

Nur wer um die Ecke denkt, kann geradeaus kommunizieren.